课本里的作家

课本里的作家

妈妈，我爱您

夏辇生 / 著

小学语文同步阅读
一年级
彩绘注音版

山东教育出版社
·济南·

图书在版编目（CIP）数据

妈妈，我爱您 / 夏辇生著 . —— 济南：山东教育出
版社，2023.1（2023.3 重印）
　　（爱阅读·课本里的作家）
　　ISBN 978-7-5701-2461-9

　　Ⅰ．①妈… Ⅱ．①夏… Ⅲ．①阅读课—小学—教学参
考资料 Ⅳ．①G624.233

中国版本图书馆 CIP 数据核字（2022）第 255280 号

MAMA，WO AI NIN

妈妈，我爱您

夏辇生　著

主管单位：山东出版传媒股份有限公司
出版发行：山东教育出版社
　　　　　地址：济南市市中区二环南路 2066 号 4 区 1 号　邮编：250003
　　　　　电话：（0531）82092600　　　网址：www.sjs.com.cn
印　　刷：天津泰宇印务有限公司
版　　次：2023 年 1 月第 1 版
印　　次：2023 年 3 月第 2 次印刷
开　　本：700 mm × 1000 mm　1/16
印　　张：8
字　　数：50 千
定　　价：28.80 元

总序

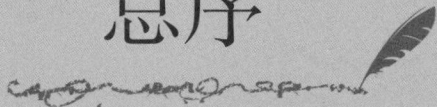

　　北京书香文雅图书文化有限公司的李继勇先生与我联系，说他们策划了一套《爱阅读·课本里的作家》丛书，读者对象主要是中小学生，可以作为学生的课外阅读用书，希望我写篇序。作为一名语文教育工作者，在中共中央办公厅、国务院办公厅印发《关于进一步减轻义务教育阶段学生作业负担和校外培训负担的意见》（以下简称"双减"）的大背景下，为学生推荐这套优秀课外读物责无旁贷，也更有意义。

一、"双减"以后怎么办？

　　"双减"政策对义务教育阶段学生的作业和校外培训作出严格规定。我认为这是一件好事。曾几何时，我们的中小学生作业负担重，不少学生不是在各种各样的培训班里，就是在去培训班的路上。学生"学"无宁日，备尝艰辛；家长们焦虑不安，苦不堪言。校外培训机构为了增强吸引力，到处挖掘优秀教师资源，有些老师受利益驱使，不能安心从教。他们的行为破坏了教育生态，违背了教育规律，严重影响了我国教育改革发展。教育是什么？教育是唤醒，是点燃，是激发。而校外培训的噱头仅仅是提高考试成绩，让学生在中高考中占得先机。他们的广告词是"提高一分，干掉千人"，大肆渲染"分数为王"，在这种压力之下，学生面对的是"分萧萧兮题海寒"，不得不深陷题海，机械刷题。假如只有一部分学生上培训班，提高的可能是分数。但是，如果大多数学生或者所有学生都去上培训班，那提高的就不是分数，而只是分数线。教育的根本任务是立德树人，是培根铸魂，是启智增慧，是让学生的德智体美劳全面发展，是培养社会主义建设者和接班人，是为中华民族伟大复兴提供人才，而不是培养只会考试的"机器"，更不能被资本所"绑架"。所以中央才"出重拳""放实招"，目的就是要减轻学生过重的课业负担，减轻家长过重的经济和精神负担。

　　"双减"政策出台后，学生们一片欢呼，再也不用在各种培训班之间来回奔波了，但家长产生了新的焦虑：孩子学习成绩怎么办？而对学校老师来说，这是一个新挑战、新任务，当然也是新机遇。学生在校时间增加，要求老师提升教学水平，科学合理布置作业，同时开展课外延伸服务，事实上是老师陪伴学生的时间增加了。这部分在校时间怎么安排？如何让学生利用好课外时间？这一切考验着老师们的智慧。而开展各种课外活动正好可以解决这个难题。比如：热爱人文的，可以开展阅读写作、演讲辩论，学习传统文化和民风民俗等社团活动；喜爱数理的，可以组织科普科幻、实验研究、统计测量、天文观测等兴趣小组；也可以开展体育比赛、艺术体验（音乐、美术、书法、戏剧……）和劳动教育等实践活动。当然，所有的活动都应以培养学生的兴趣爱好为目的，以自愿参加为前提。学校开展课后服务，可以多方面拓展资源，比如博物馆、图书馆、科技馆、陈列馆、少年宫、青少年活动中心，甚至校外培训机构的优质服务资源，还可组织征文比赛、志愿服务、社会调查等，助力学生全面发展。

二、课外阅读新机遇

近年来，新课标、新教材、新高考成为语文教育改革的热词。我曾经看到一个视频，说语文在中高考中的地位提高了，难度也加大了。这种说法有一定道理，但并不准确。说它有一定道理，是因为语文能力主要指一个人的阅读和写作能力，而阅读和写作能力又是一个人综合素养的体现。语文能力强，有助于学习别的学科。比如数学、物理中的应用题，如果阅读能力上不去，读不懂题干，便不能准确把握解题要领，也就没法准确答题；英语中的英译汉、汉译英题更是考查学生的语言表达能力；历史题和政治题往往是给一段材料，让学生去分析、判断，得出结论，并表述自己的观点或看法。从这点来说，语文在中高考中的地位提高有一定道理。说它不准确，有两个方面的理由：一是语文学科本来就重要，不是现在才变得重要，之所以产生这种错觉，是因为在应试教育的背景下，语文的重要性被弱化了；二是语文考试的难度并没有增加，增加的只是阅读思维的宽度和广度，考查的是阅读理解、信息筛选、应用写作、语言表达、批判性思维、辩证思维等关键能力。可以说，真正的素质教育必须重视语文，因为语文是工具，是基础。不少家长和教师认为课外阅读浪费学习时间，这主要是教育观念问题。他们之所以有这种想法，无非是认为考试才是最终目的，希望孩子可以把更多时间用在刷题上。他们只看到课标和教材的变化，以为考试还是过去那一套，其实，考试评价已发生深刻变革。目前，考试评价改革与新课标、新教材改革是同向同行的，都是围绕立德树人做文章。中共中央、国务院印发的《深化新时代教育评价改革总体方案》明确指出："稳步推进中高考改革，构建引导学生德智体美劳全面发展的考试内容体系，改变相对固化的试题形式，增强试题开放性，减少死记硬背和'机械刷题'现象。"显然就是要用中高考"指挥棒"引领素质教育。新高考招生录取强调"两依据，一参考"，即以高考成绩和高中学业水平考试成绩为依据，以综合素质评价为参考。这也就是说，高考成绩不再是高校选拔新生的唯一标准，不只看谁考的分数高，而是看谁更有发展潜力、更有创造性，综合素质更高，从而实现由"招分"向"招人"的转变。而这绝不是仅凭一张高考试卷能够区分出来的，"机械刷题"无助于全面发展，必须在课内学习的基础上，辅之以内容广泛的课外阅读，才能全面提高综合素养。

三、"爱阅读"助力成长

这套《爱阅读·课本里的作家》丛书是为中小学生读者量身打造的，符合《义务教育语文课程标准》倡导的"好读书、读好书、读整本的书"的课改理念，可以作为学生课内学习的有益补充。我一向认为，要学好语文，一要读好三本书，二要写好两篇文，三要养成四个好习惯。三本书指"有字之书""无字之书""心灵之书"，两篇文指"规矩文"和"放胆文"，四个好习惯指享受阅读的习惯、善于思考的习惯、乐于表达的习惯和自主学习的习惯。古人说"读万卷书，行万里路"，实际上就是要处理好读书与实践的关系。对于中小学生来说，读书首先是读好"有字之书"。"有字之书"，有课本，有课外自读课本，还有"爱阅读"这样的课外读物。读书时我们不能眉毛胡子一把抓，要区分不同的书，采取不同的读法。一般说来，读法有精读，有略读。精读需要字斟句酌，需要咬文嚼字，但费时费力。当然也不是所有的书都需要精读，可以根据自己的需要决定精读还是略读。新课标提倡中小学生进行整本书阅读，但是学生往往不能耐着性子读完一整本书。新课标提倡的整本书阅读，主要是针对过去的单篇教学来说的，并不是说每本书都要从头读到尾。教材设计的练习项目也是有弹性的、可选择的，不可能有统一的"阅读计划"。我的建议是，整本书阅读应把精读、略读与浏览结合起来，精读重在示范，略读重在博览，浏览略观大意即可，三者相辅相成，不宜偏于一隅。不仅如此，学生还可以把阅读与写作、读书与实践、课内与课外结合起来。整本书阅读重在掌握阅读方法，拓展阅读视野，培养读书兴趣，养成阅读习惯。

再说写好两篇文。学生读得多了，素养提高了，自然有话想说，有自己的观点和看法要发表。发表的形式可以是口头的，也可以是书面的，书面表达就是写作。写好两篇文，一篇规矩文，一篇放胆文。规矩文重打基础，放胆文更见才气。规矩文要求练好写作基本功，包括审题、立意、选材、构思等，同时还要掌握记叙文、议论文、说明文、应用文的基本要领和写作规范。规矩文的写作要在教师的指导下进行。放胆文则鼓励学生放飞自我、大胆想象，各呈创意、各展所长，尤其是展现自己的写作能力、语言表达能力、批判性思维能力和辩证思维能力。放胆文的写作可以多种多样，除了大作文，也可以写小作文。有兴趣的学生还可以进行文学创作，写诗歌、小说、散文、剧本等。

学习语文还要养成四个好习惯。第一，享受阅读的习惯。爱阅读非常重要，每个同学都应该有自己的个性化书单。有的同学喜欢网络小说也没有关系，但需要防止沉迷其中，钻进"死胡同"。这套《爱阅读·课本里的作家》丛书，给中小学生课外阅读提供了大量古今中外的名家名作。第二，善于思考的习惯。在这个大众创业、万众创新的时代，创新人才的标准，已不再是把已有的知识烂熟于心，而是能够独立思考，敢于质疑，能够自己去发现问题、提出问题和解决问题，需要具有探究质疑能力、独立思考能力、批判性思维和辩证思维能力。第三，乐于表达的习惯。表达的乐趣在于说或写的过程，这个过程比说得好、写得完美更重要。写作形式可以不拘一格，比如作文、日记、笔记、随笔、漫画等。第四，自主学习的习惯。我的地盘我做主，我的语文我做主。不是为老师学，也不是为父母长辈学，而是为自己的精神成长学，为自己的未来学。

愿广大中小学生能借助这套《爱阅读·课本里的作家》丛书，真正爱上阅读，插上想象的翅膀，飞向未来的广阔天地！

目录

我爱读课文

课本作家作品

我爱
读课文

原文赏读

四个太阳

我画了个绿绿的太阳，挂在夏天的天空。高山、田野、街道、校园，到处一片清凉。

我画了个金黄的太阳，送给秋天。果园里，果子熟了。金黄的落叶忙着邀请小伙伴，请他们尝尝水果的香甜。

我画了个红红的太阳，送给冬天。阳光温暖着小朋友冻僵的手和脸。

春天，春天的太阳该画什么颜色呢？哦，画个彩色的。因为春天是个多彩的季节。

2

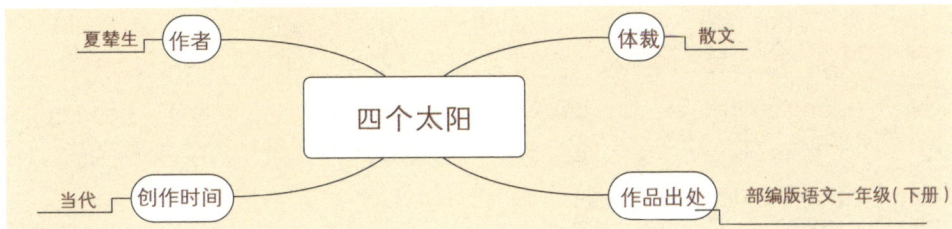

夏辈生 — 作者 ┄ 体裁 — 散文

四个太阳

当代 — 创作时间 ┄ 作品出处 — 部编版语文一年级（下册）

作品赏析

běn piān sǎn wén jiǎng shù le yí gè xiǎo péng you de yuàn
本篇散文讲述了一个小朋友的愿

wàng tā xiǎng wèi měi yí gè jì jié huà shàng bù tóng yán sè de tài
望，他想为每一个季节画上不同颜色的太

yáng wèi shì jiān wàn wù dài lái měi hǎo sì gè tài yáng sì
阳，为世间万物带来美好。四个太阳，四

gè yuàn wàng biǎo dá le xiǎo péng you xī wàng shì jiè huì gèng měi
个愿望，表达了小朋友希望世界会更美

lì shēng huó huì gèng měi hǎo de xīn yuàn zuò zhě tōng guò wén
丽、生活会更美好的心愿。作者通过文

zhāng gào su wǒ men yào zuò yí gè shàn liáng de rén zhēng qǔ
章告诉我们：要做一个善良的人，争取

wèi bié rén dài lái xìng fú hé kuài lè
为别人带来幸福和快乐。

我要学习

1. 会写 "太、阳、校、金、秋、因、为" 等生字，会认 "道、送、忙、尝、香、甜" 等生字。

2. 正确、流利地朗读课文，注意长句子的停顿和问句的语气。

3. 读懂课文内容，找出 "我" 的美好心愿有哪些。

生字表析

会写的字

tài 太	部首	笔画	结构	造字	组词
	大	4	独体	指事	太阳　太平
辨字	大（大小　大人）　犬（警犬　猎犬）				
字义	1.高，大。2.极，最。				
造句	外面的太阳又大又红。				

yáng 阳	部首	笔画	结构	造字	组词
	阝	6	左右	形声	太阳　阳光
辨字	旧（依旧　陈旧）				
字义	1.太阳。2.明亮。				
造句	天空中挂着一轮火红的太阳。				

xiào 校	部首	笔画	结构	造字	组词
	木	10	左右	形声	校园　校长
辨字	较（较量　比较）　饺（饺子　水饺）				
字义	1.学校。2.军衔名，在尉和将之间。				
造句	我们的校园非常美丽。				

jīn 金	部首	笔画	结构	造字	组词
	金	8	独体	形声	金子　金色
辨字	舍（不舍　舍得）				
字义	1.像金子的颜色。2.钱。				
造句	金色的向日葵开满田地。				

qiū 秋	部首	笔画	结构	造字	组词
	禾	9	左右	会意	秋天　金秋
辨字	伙（小伙　伙伴）				
字义	1.四季中的第三季。2.庄稼成熟的时期。				
造句	秋天是一个收获的季节。				

yīn 因	部首	笔画	结构	造字	组词
	口	6	全包围	象形	原因　因为
辨字	困（困难　困苦）				
字义	1.理由。2.原故，原由，事物发生前已具备的条件。				
造句	今天很开心，因为老师表扬了我。				

wèi 为	部首	笔画	结构	造字	组词
	、	4	独体	会意	为了　因为
辨字	力（力气　力量）				
字义	1.表示原因、目的。2.表示行为的对象；替。				
造句	我们班得了第一名，大家都为这件事高兴。				

会认的字

dào 道	组词
	道路 道理

sòng 送	组词
	送别 送给

máng 忙	组词
	慌忙 忙乱

cháng 尝	组词
	尝试 品尝

xiāng 香	组词
	香味 香气

tián 甜	组词
	甜品 甜食

知识乐园

一、 kàn pīn yīn xiě cí yǔ
看拼音，写词语。

tài yáng

☐ ☐

xiào yuán

☐ ☐

jīn

☐ 子

qiū tiān

☐ ☐

二、 gěi jiā diǎn zì xuǎn zé zhèngquè dú yīn huà
给加点字选择正确读音，画"√"。

道路（dào　dǎo）

香甜（xiāngtián　xiāngtiǎn）

品尝（cáng　cháng）

送行（sōng　sòng）

7

三、词语积累。

    1. 表示地点的词语，比如：田野、街道、校园

_____

    2. 表示颜色的词语，比如：金黄、绿色、火红

_____

四、联系课文，找一找每个季节的太阳
    应该是什么颜色。

春天	绿绿的太阳
夏天	红红的太阳
秋天	金黄的太阳
冬天	彩色的太阳

课本作家
作品

自主阅读

一朵小花

一朵小花，开在路边，开在我上学路上天天走过的地方。

晴天，我走过那里，小花朝我笑着点点头。哟，小花金黄色的笑脸，笑成了一个金灿灿的太阳。

"小花，你早！"我也笑呵呵地向她点头问好。

风吹过来，小花使劲摇晃着身子，好像也想跟我一起上学。

一朵小花，开在路边，开在我放学路上天天走过的地方。

雨天，我走过那里，小花朝我笑着招招手。哟，小花金黄色的笑脸上怎么挂满了泪珠？是因为没能上学，还是没等

dào huí jiā de mā ma
到回家的妈妈？

xiǎo huā guà zhe yǎn lèi xiào zhe　　xiào liǎn hái xiàng yí gè jīn
小花挂着眼泪笑着，笑脸还像一个金

càn càn de tài yáng
灿灿的太阳。

ò　　wǒ dǒng le　　tā xiǎng shàng xué　　yě xiǎng huí jiā
哦，我懂了，她想上学，也想回家。

wǒ huà xià le zhè duǒ xiǎo huā　　cóng cǐ　　wǒ men yì qǐ
我画下了这朵小花，从此，我们一起

shàng xué　　yì qǐ huí jiā
上学，一起回家。

看风景

我喜欢站在窗口看风景。

一片云飘过，一只鸟飞过，一阵橹声轻轻地摇过，你都会感到：风景是活的！

即使是纹丝不动的一幢大楼，也是活的。

这不，夜晚亮起灯火，你可以随意想象它是千眼神仙或者是怪物。当窗户在晴朗的日子里——敞开，阳台上晾晒起床单被褥……哦，你真怕这只"千羽鹤"会随时扇动无数翅膀飞走。

楼下，川流不息的人与车，在马路上流淌成有声有色的生命之河，比万花筒更多姿多彩。

一天，有人告诉我，他经常看到一扇窗口和一个站在窗口的女孩。

哦，我突然明白，风景是人人都喜欢看的。在你看风景的时候，你也成了别人眼中的风景。

14

月亮跟我一起走

走啊走，走啊走，妈妈牵着我的手。妈妈走，我也走。要去外婆家，越走心里越快活。

走啊走，走啊走，月亮跟着我们走。我问月亮去哪里？月亮不说话，只是跟着走。嘿嘿，不说我都知道，月亮也去看外婆。

走啊走，走啊走，云朵跟着月亮走。那是月亮学着妈妈样，背着一只大包袱。

妈妈的包袱里，装着给外婆的礼物。有妈妈亲手打的毛衣、围巾和手套；也有爸爸买的新鞋和新帽。还有，我没舍得吃的饼干和糖果。

月亮的包袱里装着什么呀？我好想

16

好想知道。

星星眨着亮闪闪的

眼睛捂嘴直笑——哦，我明

白了，云朵是月亮带的毛

巾，帮着擦亮黑夜，擦亮

我们脚下的路。

晚安，我的星星

记得外婆说过："地上有多少个人，天上就有多少颗星。"

每天晚上，睡觉的时候，我总会看窗外的星星。

在外婆离开的日子里，我学会了一个人睡觉。耳边常常响起外婆说过的话和讲过的故事。

18

星星在窗外，眨着一闪一闪的眼睛。

我望着星星，星星也望着我。在一闪一闪的星星中间，有一颗最亮最亮的星，就像外婆笑眯眯的眼睛！

我对着这颗亮闪闪的星星说："外婆，我爱您。"

星星笑了笑，说："我也爱你，宝贝！"

哦，我听到了外婆暖暖的声音，还看见了外婆笑吟吟地咂着没牙的嘴巴！就像以前搂着我亲了又亲，乐呵呵的模样。

原来，外婆已经变成了天上的星星，守护在我的窗前。

晚安，我的星星！

走进新年

元旦，我们走进新年。

走进新年的感觉，就像玩捉迷藏的游戏。你好不容易捉到它的时候，就轮到它捉你。它是谁呀？是新年的钟声。当当当……新年钟声的脚步，追得好快好快哟！

元旦，我们走进新年。

走进新年的时候，我们长大了一岁。

我想，天上的太阳、月亮、星星，还有看不见的风……世界上的一切，也都在长大吧？

走进新年的感觉，是一份长大的自豪和快乐。

新年里，长大了的一切，都是新的。

（元，是开始、第一的意思；旦，是早晨、一天的意思。元旦——每年的一月一日，是公历纪年的新年。）

21

新年钟声

新年的钟声
响了。

这是与岁月赛
跑的号令："各就
各位……预备……跑！"从此，我们马不
停蹄。

新年的钟声响了。
这是时间的脚步："嘀嗒嘀嗒……"踩
着时间的脚步走，我们一点点儿长大。那
么，时间也会长大吗？

新年的钟声是献给每一个生命的
祝福。等你又一次点燃生日蜡烛的时候，
那摇曳的火苗，就是祝福开出的花朵。

春节的祝福

春节，是一个团圆的节日。团圆的节日里，到处是团团圆圆的祝福。

春节的祝福，写成门联，剪成窗花，酿成甜甜的米酒，蹦成噼噼啪啪的鞭炮，开成满天满天的焰火。

还有一种焰火开在桌上，那就是团圆饭丰盛的菜肴和比菜肴更丰盛的笑脸。

春节的祝福又会变成小鸟，从这一家飞到那一家。

春节的祝福，还会闹成元宵夜欢欢喜喜的花灯。和花灯一起被点亮的，是人们快快乐乐的心情。

（春节，又叫"过年"，是我国的农历新年，大多在公历的二月。）

23

自己的节日

六一儿童节，是我们自己的节日。

这一天的阳光，特别灿烂。灿烂的阳光，照着白皮肤、黄皮肤、黑皮肤……照着世界上所有的少年儿童。老师的，家长的，小伙伴的祝贺，被阳光镀得锃亮锃亮。

六一儿童节，是我们自己的节日。

这一天的心空，特别晴朗。晴朗的心空，放飞着黑眼睛、蓝眼睛美丽的憧憬和希望。洁白的和平鸽，在阳光和心中翱翔。

歌唱，在自己的节日。歌声也飞成白鸽，飞成太阳、星星和月亮！

清明，我们去踏青

清明，我们去踏青。

踏着青青的草地，我们走向郊野，走向山岗，走向大自然敞成青青一色的怀抱。风是青的，雨是青的，炊烟也是青的。还有"豆耳朵"青青的悄悄话，都让你找到了一种清清明明的感觉。

清明，我们去踏青。

迎着青青的风、青青的雨，我们走近烈士墓，走进历史，与鲜花一同献上的是我们的敬意和祭奠。这时候，你会突然掂出清清明明的感觉很沉很重。这些很沉很重的感觉，如种子播入了我们的心田。于是，清明长成了一个永远的节日。

（四月五日清明节，是我国农历二十四节气中的一个，也是我国传统的节日。）

端午，扮个大老虎

端午节，奶奶用糯米裹粽子。粽子里裹进了香喷喷的肉、甜津津的枣，还裹进了屈原的故事。裹进了故事的粽子，吃起来特别有滋有味。

端午节，妈妈用丝线裹粽子。红丝线，绿丝线，黄丝线……硬朗朗的小纸粽被裹成花花绿绿的"小灯笼"。"小灯

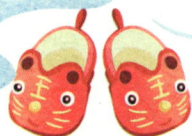

笼"，晃在男孩子、女孩子胸前，香味飘出好远好远。你猜，花线粽里裹着什么？是驱虫防蛀的樟脑、清心怡神的香料。

端午节，男孩子、女孩子都喜欢扮个大老虎。戴上虎头帽，穿上虎头鞋，额头上还会写上虎生生的"王"字，一个个都成了虎大王。

当上虎大王的孩子，最爱看赛龙舟。"加油！加油！"虎大王的喊声，砸得比锣鼓还响，甩得比大旗更欢。

（农历五月初五，是端午节，又叫端阳节，是我国的传统节日。）

特别的日子

九月十日，是个特别的日子。

这一天，我们捧着鲜花，带着问候和祝福，走进学校，恭恭敬敬地道一声："老师，祝您节日快乐！"

老师笑了。老师的笑脸，比鲜花还灿烂。

这一天，老师收下一声声问候，收下一张张贺卡，收下一双双童稚的眼神中的敬仰和爱戴。

老师突然年轻了好多。

她打开相册，就像打开了阿里巴巴的宝库。那里，曾经和我们一般稚嫩的笑容，早已盛开成满树满树芬芳的桃李。桃李上闪烁的露珠，便是老师晶莹的心血和汗滴。

zhè yì tiān　　wǒ fǎng fú míng bai le hǎo duō
这一天，我仿佛明白了好多。

wǒ dú dǒng le lǎo shī shēn cáng zài bái fà yǔ zhòu wén lǐ
我读懂了老师深藏在白发与皱纹里

de qī dài　　hái dǒng dé rú hé wǎng　　ā lǐ bā bā de bǎo
的期待，还懂得如何往"阿里巴巴的宝

kù　lǐ　zhuāng rù xīn de　　zhū bǎo　hé　zuàn shí
库"里，装入新的"珠宝"和"钻石"。

30

让心情开成花朵

心情，不知不觉从脸上钻出来。

微笑，是一缕阳光，照亮了自己，也照亮了别人。蝴蝶、蜻蜓、小蜜蜂……翩翩飞来，它们把微笑的脸当成了绽开的鲜花。

这些鲜活的蝴蝶、蜻蜓、小蜜蜂……也都是心情，是别人被阳光镀亮后——放飞的心情。

愁眉苦脸，是一片阴沉沉的乌云。乌云，笼罩自己，也会笼罩别人。

学会微笑吧！

让阳光驱散乌云，照亮你所有的日子。

学会微笑吧！

让心情开成花朵，装扮大家的生活。

31

中秋节的月亮

中秋节的月亮，又圆又大！挂在高高的天空。

大大圆圆的月亮里，能见着奔月的嫦娥、伐木的吴刚，还有桂花树下的玉兔。

中秋节的月饼，又大又圆！放在家家户户的团圆桌上。

圆圆大大的月饼里装满了各式各样的果仁，还有香香甜甜的团圆、快乐与祝福。望着月亮，吃着月饼，一个个都笑容满面，那是心情开出的花朵！

中秋节的梦里，有月亮，有月

bing　yǒu xiāng pēn pēn de tuán yuán fàn　hái yǒu mǎn mǎn de xiào róng

饼，有香喷喷的团圆饭，还有满满的笑容

kāi chéng de huā duǒ

开成的花朵……

zhōng qiū jié de mèng　yě shì yòu yuán　yòu dà　yòu

中秋节的梦，也是又圆、又大、又

liàng　hái tè bié bǎo mǎn　yòu tián yòu xiāng

亮！还特别饱满，又甜又香！

zhōng qiū jié　yòu chēng tuán yuán jié　yǔ chūn jié

（中秋节，又称团圆节。与春节、

qīng míng jié　duān wǔ jié bìng chēng wéi zhōng guó sì dà

清明节、端午节并称为中国四大

chuán tǒng jié rì

传统节日。）

快乐的小路

有那么一条小路，细细的，弯弯的，长长的。黄泥踩一截，碎石子铺一截，排在最后的是青溜溜的石板。随小路一起，细细弯弯长长的，是一条小河，还有两行小树和小树上无数叽啾的小鸟。

小路像什么？像一根风筝线：一头牵着我乡野的家，一头牵着我小镇的学校。

清晨，我在家门口，扯动这根线，放飞与朝阳一同升起的老师的期望。傍晚，我走出校门，牵动这根线，放飞的是妈妈温馨的炊烟。

小路会唱歌。

小路的歌，唱得委婉而悠扬。可小路

有点儿害羞，不敢独个儿亮开嗓门唱，常常是伴着别人的歌声一起唱。

于是，小路的歌，唱在风里、雨里，唱在小树上、小河里，唱在小鸟的歌声中，还在小孩子脚下噼叭噼叭的和唱中。偶尔，也会变腔走调地冒一声，那是在淘气包踢飞了小石子，小青蛙扑通跳下河，小鸟斗嘴吵架，或者是野鸭子奋力高飞的时候，小路受了惊的缘故。

小路爱唱歌。

走在路上的孩子，也爱唱歌。

唱着歌走路的孩子，快快乐乐地长大。

微笑，是一抹阳光

心情，写在脸上。

快乐、忧愁，或者烦恼、悲伤，都会从心底钻出来，写在脸上。于是，脸成了"天空"，有时，阳光灿烂；有时，阴云密布；有时，又电闪雷鸣；有时，还会风雨交加。

微笑，是一抹阳光。

阳光，能驱散乌云，使天空变得晴朗明亮。即使在电闪雷鸣、风雨交加过后，阳光也会使湿漉漉的天空挂上一弯绚丽

36

de cǎi hóng
的彩虹。

dāng rén men zàn měi
当人们赞美

cǎi hóng de shí hou nǐ jīng xǐ de fā xiàn zhè
彩虹的时候，你惊喜地发现：这

mǒ yáng guāng jì zhào liàng le zì jǐ
抹阳光，既照亮了自己，

yòu zhào liàng le bié rén fēn
又照亮了别人。分

xiǎng cǎi hóng jiù shì fēn xiǎng yáng
享彩虹，就是分享阳

guāng fēn xiǎng kuài lè kuài lè yǔ rén fēn
光，分享快乐。快乐与人分

xiǎng kuài lè jiù chéng bèi de zēng zhǎng
享，快乐就成倍地增长。

xué huì wēi xiào ba ràng yáng guāng
学会微笑吧，让阳光

lǎng zhào nǐ xīn qíng de tiān kōng
朗照你心情的天空。

xué huì wēi xiào ba ràng tiān kōng yǔ
学会微笑吧，让天空与

tiān kōng zhī jiān duō yí piàn qīng chè
天空之间，多一片清澈

míng liàng
明亮。

吵架不是好娃娃

天，阴沉着脸。

轰隆隆……雷声好响好响。

唰——一道闪电，雪亮雪亮。

一定是太阳妈妈不在家，雷宝宝和闪妞妞又在吵架了吧？

哗……一阵大雨。那是雷宝宝，还是闪妞妞的眼泪？

我连忙给太阳妈妈打了个电话。

太阳妈妈回家了。雷宝宝和闪妞妞不哭、不闹、不吵了。妈妈说过，吵架不是好娃娃。

刚才，他们吵架，是因为找不到妈妈，还是谁都想帮着妈妈管娃娃？

现在，他们都笑了。弯弯的彩虹，是太阳妈妈最美的笑容！

夕阳，是盏红灯笼

夕阳，是盏红灯笼，挂在余辉似的金色的天空。

那是白天与黑夜换岗的时候，黄昏点亮的一个祝福，又红又圆的祝福。祝你在有星星、有月亮或者是有风有雨的晚上，打着又圆又红的灯笼，走进美滋滋的好梦。

夕阳，是盏红灯笼，挂在晚霞如织的天空。

那是在白天与黑夜交班的时候，傍晚举起的一个心愿，又红又圆的心愿。愿你在没有星星、没有月亮或者是无风无雨的晚上，打着又圆又红的灯笼，走出黑夜，走出梦乡。这时候，你会发现一盏簇新的灯笼。

哦，那是在黎明中出浴的朝阳！

当朝阳在白天的忙碌中长大，与心愿和祝福一同被点亮的是它的另一番模样，叫"夕阳"。

夕阳，是盏红灯笼！

三月街

三月街，是一条彩色的河流。

当苍山茶花盛开的时候，当洱海绿水浮萍的时候，这条河，流进了云南大理，白族人民迎来了一年一度的节日——三月街。

帐蓬，是这条河流翻腾的浪花，开遍苍山脚下，开成漂漂亮亮、热热闹闹的街市。琳琅满目的石器、玉器、瓷器、竹器，还有木耳、茶叶、核桃、药材……宛如浪花中欢蹦乱跳的小鱼，从三月街这条河跳到另一条河，那就是川流不息赶街的人群。

三月街

43

孩子们最喜欢的，还是三月街的大会演。打着霸王鞭，敲着金钱鼓，吹着金唢呐，唱着大车曲，男女老少载歌载舞。孩子们最佩服的，是那些在射箭、赛马中夺冠的英雄。

（三月街，又名"观音街"，是白族人民的节日，每年农历三月十五开始，为期五至七天。）

44

刘三姐 "溜山歌"

传说里，有一个会唱歌的刘三姐。

刘三姐的歌，从唐代飘来，飘成故乡柳州的鱼峰山，飘成漓江的山水绕桂林。难怪，桂林的山水甲天下。

壮族人个个会唱歌。

歌婆节的歌声，淌成河，堆成山，让你分不清哪是山水，哪是歌。歌婆节的歌声，飞成歌墟里对答如流的盘唱。有时，"盘"上几天几夜，也分不出个高低胜负。

刘三姐在歌声里跳舞。绣球舞，捞虾舞，采茶舞，扁担舞，铜鼓舞……刘三姐还会变魔术。变老头、老太、小娃娃，变能唱能跳的"刘三哥"！

45

哦，爱唱歌的壮族人民，个个都是"刘三姐"，个个都会"溜山歌"。

（壮族，是我国少数民族中人口最多的一个民族。农历四月初八，还有正月十五、三月初三、五月二十，这四天是壮族盛大的歌节，称歌婆节。）

赛马节和望果节

“踢踏”的节奏，“锅庄”的舞曲，还有伴着笑语的“藏歌”，汇成藏北草原七月的赛马节。

鲜花盛开的草坝上，一夜间开出无数奇异的“花朵”，那是五彩缤纷的帐篷和欢蹦乱跳的牛羊。这些“花朵”都是为了节日而开放。

马道旁的加油与喝彩，声音比骑手的长鞭还响。骑手和骏马，以闪电的速度，翱翔成雄鹰的形象。

一年一度的望果节也在七月里成熟。望果节上，你会看到二十六匹披红挂绿的骏马和挂绿披红的骑手，看到盛大的丰收庆典。人们抬着用青稞、麦穗搭起的丰收塔，敲锣打鼓地围着田地转圈圈。

圈圈，是一个圆满的祝愿。

望果节的篝火，镀亮了欢歌笑语。

星星把越围越大的舞圈，当成了梦游的"太阳"。

（赛马节和望果节都是藏族的传统节日。在藏语中"望"是田地的意思，"果"是转圈的意思。）

48

向日葵女孩
xiàng rì kuí nǚ hái

过生日那天，妈妈送给我一个抱枕。
guò shēng rì nà tiān mā ma sòng gěi wǒ yí gè bào zhěn

抱枕的造型很特别，那是一朵种在花
bào zhěn de zào xíng hěn tè bié nà shì yì duǒ zhòng zài huā

盆里的向日葵。向日葵金黄金黄，还咧
pén lǐ de xiàng rì kuí xiàng rì kuí jīn huáng jīn huáng hái liě

开嘴，笑得乐呵呵的。
kāi zuǐ xiào de lè hē hē de

我好喜欢这只抱枕。晃在眼前，亮
wǒ hǎo xǐ huan zhè zhī bào zhěn huàng zài yǎn qián liàng

亮的；贴在脸边，软软的；抱在怀里，暖
liàng de tiē zài liǎn biān ruǎn ruǎn de bào zài huái lǐ nuǎn

暖的。
nuǎn de

我抱着抱枕晒太阳，妈妈说我也成
wǒ bào zhe bào zhěn shài tài yáng mā ma shuō wǒ yě chéng

了一朵向日葵！
le yì duǒ xiàng rì kuí

咔嚓，妈妈给我拍了张照片，发给
kā chā mā ma gěi wǒ pāi le zhāng zhào piàn fā gěi

在边防哨所值班的爸爸。我给爸爸微信留
zài biān fáng shào suǒ zhí bān de bà ba wǒ gěi bà ba wēi xìn liú

言，说是两朵向日葵陪着爸爸一起站岗
yán shuō shì liǎng duǒ xiàng rì kuí péi zhe bà ba yì qǐ zhàn gǎng

放哨。
fàng shào

爸爸回信说："一个向日葵女孩捧着
bà ba huí xìn shuō yí gè xiàng rì kuí nǚ hái pěng zhe

yì zhǎn xiàng rì kuí míng dēng　　zhào liàng le shào suǒ qī hēi de yè
一盏向日葵明灯，照亮了哨所漆黑的夜
kōng　　cóng cǐ　　bà ba yě zhàn chéng le xīn míng yǎn liàng de
空。"从此，爸爸也站成了心明眼亮的
xiàng rì kuí
向日葵！

　　mā ma xiào zhe shuō　　　xiàng rì kuí nǚ hái hé xiàng rì kuí
　　妈妈笑着说："向日葵女孩和向日葵
bà ba dōu yáng guāng càn làn　　liàng chéng le wǒ xīn zhōng xìng fú
爸爸都阳光灿烂，亮成了我心中幸福
de dēng tǎ
的灯塔。"

欢乐的苗年节

当家家户户杀猪宰羊、打糍粑的时候，苗年节兴冲冲地来了。

当人们身穿新装，吹着芦笙，唱着飞歌来到寨外草坪的时候，苗年节喜盈盈地来了。

当汗水洒满斗牛场，健牛猛斗，欢声雷动的时候，苗年节热腾腾地来了。

当人们看完斗牛，拥进寨内的场坝，围成一圈"跳芦笙"的时候，苗年节的欢乐，被外寨人形如箩筐的大铜鼓砸得满天飞。满天飞的欢乐，又把山谷的回声荡得溜圆溜圆。

当星星眨着好奇的眼睛，在探寻青年

人唱着歌儿"游方"的秘密时，苗年节，这块声情并茂的花头盖遮住了怕羞的月亮。

遮上了头盖的月亮，挂起一盏苗年节喜气洋洋的灯笼。

（苗族，是我国西南地区人数多、分布广的民族。苗年节，苗语为"朗卯"，是苗族人民共度的年节，一般在农历九月至十一月间，逢"卯"日即可过节。"游方"是青年人传统的社交活动。）

吊脚楼

吊脚楼，是一个个古老的童话，排排坐在小河旁。屁股坐在岸上，两脚插在水中，不怕日晒雨淋，无论春夏秋冬，一直耐心地坐着。

小船从乡村驶来，装满鲜嫩的蔬菜瓜果和鲜活的鸡鸭鱼虾。这时候，小竹篮就会从吊脚楼滑下。要买什么，楼上的指指点点，船上的挑挑拣拣，小竹篮当了联络员。讨价还价，也变得姜太公钓鱼一样简单。

小船在吊脚楼下歇脚，歇不住的是吊脚楼与小船的家常话，他们说得最近的是水，说得最远的也是水。远远近近地一扯，吊脚楼和小船原来是亲戚——他们的祖先，都是江南的小河。

春天爱唱歌

春天爱唱歌。春天的歌唱在暖暖的阳光里，唱在沙沙的细雨中，唱欢了小溪叮叮咚咚的流水……

春天的歌，很温暖。小河里嬉水的小鸭子也亮开了嗓门唱："嘎嘎，嘎嘎，春天来了！"

春天的歌，很快乐。河边的柳树垂下长长的柳条，小鸭子飞溅出水花，唱得更欢："好暖和的水呀，你试试！"

哟，真的好暖和！柳条惊喜地张开了小嘴也想唱歌。哈哈，柳树发芽了！

（联想：小嫩芽是柳树张开的无数想唱歌的小嘴。）

夏天的诗

夏天喜欢写诗。

夏天的诗，写在火辣辣的太阳上。

好热好热！知了在树上叫，青蛙在水里跳……

是听懂了夏天的诗，在一个劲儿地叫好，还是没听懂也跟着一起凑热闹？

夏天的诗，写在惊心动魄的雷阵雨中。轰隆隆，哗啦啦，噼噼啪啪……

满街的人在跑，跑向街边花花绿绿的商店和大大小小的屋檐。

夏天的诗好精彩——你瞧，所有惊喜的眼睛都流露出赞叹的神情：哇，好美！

夏天的诗，写在了雨后天晴那道绚丽的彩虹上。这是跨越天地人间七彩的诗篇！

秋天的舞蹈

秋天，喜欢跳舞。

丰收的季节，跳舞是最好的欢庆方式。

秋天的舞，跳在变幻莫测的云上，跳在呼啸盘旋的风中，跳在漫天翻飞的落叶里……秋天的舞，无处不在。

秋天，还有最热闹的舞蹈比赛。

参加比赛的，不用邀请都会来——

哦，秋天的舞蹈比赛，在风筝节上！

各式各样的风筝在蓝天上飞舞，有蝴蝶，有蜻蜓，有长龙，有凤凰，还有不长翅膀的小猪、小狗、小兔……都在高高低低地飞翔、欢舞。

哦，秋天的舞蹈比赛，还在悄悄开放的金桂花、银桂花和许多许多美丽的鲜花上！

秋天的舞蹈，好美！喷香喷香！

冬天的游戏

冬天最喜欢玩的游戏，就是捉迷藏、猜谜语。

下一场鹅毛大雪，把世界上的一切都掩藏起来。高山、田野、城市、村庄……天地之间一片雪白。

这时候，那些怕冷躲在屋子里的小朋友，成了冬天第一个要捉的迷藏。

嘿嘿，不用捉，一个个小孩都喜颠颠地跑了出来，溜冰、滑雪、堆雪人、打

xuě zhàng
雪 仗 …… 还 有 藏 得 更 深 的 大 人,

yě pǎo chū lái péi zhe hái zi yì qǐ wán　méi dà méi xiǎo
也 跑 出 来 陪 着 孩 子 一 起 玩。 没 大 没 小

de　　wán chéng le dōng tiān cāi bú tòu de mí yǔ
的, 玩 成 了 冬 天 猜 不 透 的 谜 语。

dà ren hé xiǎo hái　　yě dōu xǐ huan zhuō mí cáng　cāi
大 人 和 小 孩, 也 都 喜 欢 捉 迷 藏、 猜

mí yǔ
谜 语。

dōng tiān shēn cáng zài xuě zhōng　bīng xià　　kě bú nà me
冬 天 深 藏 在 雪 中、 冰 下, 可 不 那 么

hǎo zhuō　dōng tiān de mí yǔ　yě bú nà me hǎo cāi　yǒu shí
好 捉。 冬 天 的 谜 语, 也 不 那 么 好 猜。 有 时

hou　　yào nài xīn de děng dài　yì zhí děng dào bīng xuě róng huà
候, 要 耐 心 地 等 待, 一 直 等 到 冰 雪 融 化

de chūn tiān
的 春 天。

chūn tiān lái le　zhuō mí cáng bú yòng zhuō
春 天 来 了, 捉 迷 藏 不 用 捉

le　mí yǔ yě bú yòng cāi le
了, 谜 语 也 不 用 猜 了。

xīn chūn　jiù zài yǎn qián
新 春, 就 在 眼 前。

四季的印象

春天，是一首诗，一首抒情的诗。

春天的诗，写在轻轻的风里、细细的雨里；写在小燕子翻飞的呢喃中；写在悄悄萌发的芽苞和翩翩盛开的花朵上。

夏天，是一首歌，一首热情的歌。

夏天的歌，唱在清丽的蝉鸣和蛙鼓里，唱在电扇、空调不知疲倦的低吟中，唱在交响乐一般激昂的雷阵雨或雨过天晴的彩虹上。

秋天，是一幅画，一幅成熟的画。

秋天的画，画在高爽的蓝天白云上，画在金灿灿、沉甸甸的谷穗里，画在喷香的桂树和千姿百态的菊丛间，画在红苹果、黄香蕉、紫葡萄中……五彩

缤纷的果林里、果摊上。秋天的画，也被

飘飞的落叶驮着旅行，或是被夹成季节的

"书笺"。

冬天，是一个梦，一个晶莹的梦。

冬天的梦，可以是一串踩在雪野的脚

印，一场热得你脱下棉袍的雪仗，或者

是一个翘着胡萝卜鼻子的小雪人。冬天的

梦，还可能是一辆带着你去周游世界的雪

橇，雪橇上装着永远不落的太阳、会

烤馅饼的火炉和软软的能做奇奇怪怪美

梦的被窝。

萤火虫

萤火虫，是会飞的灯笼。

一闪一闪，亮在夏天的夜晚；一闪一闪，亮在池塘边、草丛里、树林中……

它们好像在寻找什么。

是不是丢失了回家的钥匙？要不，就是丢失了太阳公公白天讲的故事？

哟，一只萤火虫停在了我的手心上。它不咬人，不蜇人。一闪一闪的亮光，凉凉的，一点儿不烫手。

我把萤火虫装进了小瓶子。

哦，我也有了一盏绿莹莹的灯笼！

（萤火虫是一种会发光的昆虫。它的腹部末端发出的光是"冷光"。）

珍珠和珍珠贝

珍珠，雪白雪白，圆圆的，闪着亮光，真好看。

珍珠戒指，戴在手上；珍珠项链，挂在胸前；珍珠耳环，坠在耳边。哟，妈妈变得更加漂亮了！

珍珠的妈妈是谁呀？

听说，珍珠的家，住在深深的海底。海底有许多珍珠贝。只有珍珠贝里，才有圆圆的、亮亮的、雪白的珍珠。

珍珠贝，是珍珠的妈妈吗？

（当小虫或沙粒钻进贝壳，珍珠贝就分泌出珍珠质裹住它，一层层裹上去，就长成了珍珠。）

红船的故事

江南水乡，有一个叫南湖的地方。

南湖的波光，特别亮。烟雨楼旁的红船，格外红。

红船里装满了故事，有乾隆皇帝下江南的，有南湖菱不长角的，还有中国共产党是怎样诞生在这艘小船上的……

每年夏天的七月一日。阳光总会像生日蜡烛一样，燃亮满湖的波光。

所有的人都快乐地歌唱，歌唱党的生日——

没有共产党，就没有新中国……

唱支山歌给党听，我把党来比母亲……

哦，2021年祖国是母亲百年华诞。满船满湖都是歌！

歌声飞上天空，飞成了小鸟、星星和彩虹；歌声落到湖中，长成红菱角、绿菱角，变成银晃晃的月亮！

告诉你一个秘密：红船旁那个被月光照亮的小菱角是我变的。

我要永远守护着妈妈的摇篮。

我要读懂红船里所有的故事。

口袋里的小人儿

　　我有一个最好的玩伴，那就是口袋里的玩具小人儿。

　　小人儿很小很小，比我的小拇指还要小。这是在国外留学的姐姐从很远很远的地方带回来的。

我不知道小人儿叫什么名字，不知道她从哪里来，也不知道她要到哪里去。

我叫小人儿"小叮当"。小人儿就有了叮当响的名字。

小人儿来自很远的地方，现在住在我的口袋城堡里。我到哪儿都带上小叮当。小叮当很安静，从来不吵闹，也不开口说话。陪我一起上学，一同玩耍。

我给小叮当拍照——让她站在手心里，鼻尖上；坐在小碟里，小勺上；躺在花芯里，树叶上……春、夏、秋、冬，不同的风景中，照片里的小人儿都很漂亮。

小蝌蚪找妈妈

大家都说，青蛙是小蝌蚪的妈妈。

我看，怎么长得一点儿也不像。

青蛙是绿绿的，可小蝌蚪却乌黑乌黑的。青蛙有鼓鼓眼、大大嘴，还有腿有脚，腆着大肚子。小蝌蚪呢，没有鼓鼓眼，没有大大嘴，没腿没脚，更没有大肚子，只有一条长尾巴。

青蛙，可是没有尾巴的呀！

青蛙真的是小蝌蚪的妈妈吗？

我好想好想——

帮助小蝌蚪找到它们的妈妈。

给小狗写信

爷爷家有一只小狗，乌黑发亮的小狗。

没有人知道小狗叫什么名字，只知道爷爷与它在街角相遇。它急切地朝爷爷摇晃着尾巴，它跑丢了，找不到自己的家了。

在那个飘着雪花的冬天，爷爷陪着它在街角足足等了一天，希望能等到它丢失的主人。大雪差一点儿把爷爷堆成了搂着小狗的雪人。

爷爷把小狗领回家，还到处张贴小狗的照片，想找回它的主人。日子一长，主人没找到，爷爷成了小狗的亲人。

日复一日，形影相伴……

后来，爷爷老了，小狗也老了。爷爷走了，小狗也跟着走了。只有客厅的相框

lǐ hái liú zhe xiǎo gǒu pā zài yé ye huái lǐ shài tài yáng de zhào
里，还留着小狗趴在爷爷怀里晒太阳的照

piàn péi bàn shì wēn nuǎn de
片。陪伴，是温暖的。

wǒ shàng xué le xué huì le xiě zì
我上学了，学会了写字。

wǒ gěi xiǎo gǒu xiě xìn shì xiǎng zhī dào tā shì bú shì hái
我给小狗写信，是想知道它是不是还

gēn yé ye zài yì qǐ
跟爷爷在一起。

热闹的"那达慕"

走进八月的草原，就走进了热闹的"那达慕"。

"那达慕"是一首欢乐的抒情诗。鲜嫩的水草，肥壮的牛羊，还有那些穿着盛装、骑着骏马、赶着勒勒车的牧民，都是优美的诗句。这些诗句，把宁静、空旷的草原，一下子填得满满登登、热热闹闹。

"那达慕"是一幅壮观的风俗画。摔跤，赛马，射箭……到处是彩旗、彩巾、彩袍和彩色的腰带。赛场上，个个都是下山的猛虎、闹海的蛟龙。赛场外，欢呼雀跃。

"那达慕"在有马头琴吟诵的诗里。

"那达慕"在喷溅着奶茶香味的画里。

走进诗里画里的"王昭君"，也就走进了相传千年的故事。

（"那达慕"在蒙古语里，是娱乐或游戏的意思。一年一度的"那达慕"大会，是我国蒙古族人民的传统节日。）

光明的一家

太阳、月亮和星星，是光明的一家。

白天，太阳爸爸站在高高的天空上班，用金灿灿的阳光照亮世界。

晚上，月亮妈妈守护着星星宝宝，在天空的海洋中讲故事、荡秋千，用太阳爸爸给的阳光照亮黑夜。

星宝宝们在月亮妈妈银晃晃的故事中进入香甜的梦乡。星宝宝的梦是睁着眼做的。星宝宝的梦有长有短，长长短短的梦又编织成夜的故事，让千家万户的小朋友自己去读。

在有月亮和星星的黑夜里，小朋友的梦乡里一片明亮。

我问妈妈："晚上太阳爸爸也睡觉

了吧？"

妈妈说："太阳爸爸从来都不睡觉。我们睡觉的时候，他在地球的另一边上班，永远笑眯眯地用金灿灿的阳光照亮世界。"

哦，我懂啦！

太阳、月亮和星星，是光明的一家。他们永远都不睡觉，为了把光明带给大家。

妈妈说："是的是的，陪伴所有生命成长！"

小摇床

月亮，是星星的小摇床。

摇啊，晃啊，星星睡着了。星星睡着的时候，会做梦吗？星星的梦里，有没有那个喜欢看星星的小娃娃？

荷叶，是青蛙的小摇床。

摇啊，晃啊，青蛙睡着了。青蛙睡着的时候，会做梦吗？青蛙的梦里，有没有那个也爱咿呀学唱的小娃娃？

妈妈的臂弯，是我的小摇床。

摇啊，晃啊，我睡着了。我睡着的时候，会做各式各样的梦。梦里，有闪亮闪亮的星星，也有整天呱呱唱个不停的小青蛙！

小摇床，从来不说累。小摇床，一直快活地摇啊，晃啊……

在有爱的地方

我家有一只圆鼓鼓的玻璃缸。玻璃缸里，养着几条美丽的热带鱼。

热带鱼自由自在地游着。我望着它们，笑一笑，做个飞吻。它们看见我，摇摇尾巴，吐出一串串泡泡。

我天天看它们。它们也天天看我。看不厌，乐不够。

我叫得出它们的名字：剑尾孔雀、七彩凤凰、大帆旗、活神仙。可我不知道，这孔雀会不会开屏？凤凰会不会飞走？活神仙是不是神仙变的？大帆旗，可真像一艘帆船，我做梦都担心它会驶出玻璃缸去寻找大海……

哦，美丽的热带鱼喜欢我们家。

在有爱的地方，小小的玻璃缸，也会变成大大的海洋！

78

和月亮捉迷藏

在跟爸爸回老家的路上，我发现了一直跟着我们的月亮。

我问爸爸："月亮也想念老家吗？"

爸爸笑了笑，说老家是根，天下没人不想。我们加快了脚步。月亮也一步不落，紧紧跟上。走着，走着，月亮不见了。

我急着让妈妈帮着找找月亮。

妈妈说："云山里有一条近道，月亮先去了老家。"哦，真的呢！一爬上山冈，我就见到了月亮。月亮正坐在老家的屋顶上等我呢！

记得，在梦里我们曾经有约，去老家好好玩一次捉迷藏。

好想有对翅膀

我好想有对翅膀，像小蜜蜂在花丛中采蜜，还嗡嗡嗡嗡地吟唱，唱出花蜜的香甜；像小蝴蝶那样，在花园里自由自在地跳舞，跳出百花的姿色。

我好想有对翅膀，像小鸟在天空飞翔，飞过大山，飞过森林，飞过沙漠，飞过海洋……飞到

80

从来没有去过的地方。那里一定有更新奇的风景。

在梦里，我真的长出了一对翅膀。

翅膀好轻，好大！一张开就能飞翔。羽毛是金色的阳光，还有银色的月光。我打着转转飞的时候，盘旋成金闪闪、银亮亮的陀螺，一直冲上云霄，比火箭发射还棒！

可惜，没来得及登上火星。

闹铃响了，又到了该起床上学的时候。上学路上，我的脚步变得好轻好快，仿佛背上还长着那对翅膀。

小豆芽

看奶奶发豆芽，很好玩儿。

抓一把绿绿的小豆子，放进绿色的小盆。又抓一把黄黄的小豆子，放进黄色的小盆。绿绿的、黄黄的小豆子，好可爱。

我帮奶奶打上水，先给小豆子洗个澡。

小豆子怕痒痒。手一摸，小豆子就笑着跳着满处跑，还真有跳出小盆的调皮豆！

洗完澡，小豆子一个个安静下来。奶奶说，小豆子喜欢泡在水底睡觉。

嘘——轻一点儿，不要打搅。

小豆子睡觉也做梦吧？我没问奶奶。

小豆子睡觉了，我也睡觉了。那天晚上做了一个梦，我梦见小豆子发芽了，还头顶着芽芽在跳舞呢！

第二天醒来，小豆子还在睡觉。小豆子的梦有点长。

一天，两天，三天……

哦，小豆子发芽了。黄豆芽顶着黄芽芽，绿豆芽张开绿芽芽！

好美好美，就像爱扎蝴蝶结的小姑娘！

没完没了的歌

知了！知了！知了……

知了是歌唱家。它喜欢在最热的夏天唱歌。不知道，是夏天太热，知了才唱歌？还是知了的歌把夏天唱热了？

歌唱家都有一个好听的名字，知了也有。它好听的名字就一个字，叫作"蝉"。

知了！知了！知了……蝉是金嗓子吧？

老师说——不，不。蝉的歌不是从嗓子里唱出来的，而是翅膀震动发出的声音。蝉爸爸一唱歌，蝉妈妈就飞来了。

可惜，蝉妈妈不会唱歌，她是个哑巴。但她喜欢听蝉爸爸唱那首没完没了的"知了"歌……她听懂了？

那一个我

我喜欢站在大衣橱前照镜子。

镜子里，有个一模一样的我。

那一个我，好调皮，喜欢照样学样。

我笑，她笑；我哭，她哭；我扮个怪脸，她也扮个怪脸，学得像模像样，一点儿不差。

可是，她老搞错方向。我挤挤左眼，她却挤挤右眼；我招招右手，她却招招左手。我说她真笨！她也照样说我真笨！

我打开橱门，想抓住她，想教她学会分辨左和右。可她早已逃得无影无踪。一关上橱门，她又笑嘻嘻地站在我面前。

那一个我，到底躲在哪儿呢？怎么只看得见，抓不着？

数星星

猫头鹰在树上数星星，一颗，两颗，三颗……

星星被数进了猫头鹰的眼睛里。猫头鹰的眼睛好大好圆，亮成了闪亮的星星！

汪汪狗趴在院门口数星星，四颗，五颗，六颗……

"汪汪，汪汪"，汪汪狗招呼所有路过的人一起来数星星。星星太多，他独自一个数不过来。

小花猫听到汪汪狗的叫唤，赶紧爬上屋檐数星星，七颗，八颗，九颗……

87

“喵喵，喵喵”，小花猫也喜欢数星星，还喜欢给汪汪狗的歌点赞：妙！妙！妙！

我悄悄躺在床上数星星，十颗，十一颗，十二颗……

数不到二十，我就睡着了，掉进了满是星星的梦里。不再是数星星，而是和小狗、小猫一起种星星。

星星长成了一棵亮闪闪的星星树。

你知道——亮闪闪的星星，是星星树的树叶还是果子？

长颈鹿

长颈鹿的脖子，好长好长。

妈妈说，那是因为长颈鹿最爱吃合欢树上的叶子。合欢树长得好高好高，长颈鹿的脖子就伸得好长好长。下面的树叶吃完了，上面照着阳光的树叶更鲜更嫩。长颈鹿的脖子就一个劲儿地再往上长。

长颈鹿的脖子，好长好长。

我在想，那是因为长颈鹿最爱看星星。房子挡住了，长颈鹿的脖子就长长长，长过了房顶看星星。树挡住了，长颈鹿的脖子就长长长，长出了树林看星星。山挡住了，长颈鹿一边爬上山，一边脖子长长长，长过了山峰看

xīng xing 　　yún dǎng zhù le　　cháng jǐng lù de bó zi hái shi zhǎng
星星。云挡住了，长颈鹿的脖子还是长

zhǎng zhǎng　　zhǎng chū le yún céng kàn xīng xing
长　长，长出了云层看星星……

wǎn shang　　wǒ zuò le yí gè mèng　　cháng jǐng lù qīn wěn
晚上，我做了一个梦，长颈鹿亲吻

zhe shǎn liàng de xīng xing
着闪亮的星星。

两只蝴蝶

花园里，有两只蝴蝶飞呀飞……
一只大，一只小。
大蝴蝶、小蝴蝶快乐地飞在花丛中，一会儿前，一会儿后，它们是在跳舞，还是在跟花朵做游戏？

花园里，有两只蝴蝶飞呀飞……
一只红，一只蓝。
红蝴蝶、蓝蝴蝶用心地飞在花丛中，一会儿高，一会儿低，它们是在寻找，还是在采摘童话里藏进花朵的阳光露珠？

戴上阳光露珠穿成的项链，就会变成美丽的花仙子。

明天是妈妈的生日。难道，它们也想给妈妈送上最好的礼物？

外婆的故事

外婆在的日子，好快乐。

白天外婆牵着我的小手去各处转悠，带我去看美丽的风景；晚上，外婆搂着我睡觉，给我讲那些听不厌的故事。

起先，故事没听完，我就睡着了。

后来，故事没讲完，外婆睡着了。

醒来时，我缠着外婆接着讲。外婆记不起说到哪儿，接不上。外婆还说，那都是老掉牙的故事，不说了。可对我来说，外婆的故事没听完，没听够。

不知什么时候，外婆嘴里的牙掉光了。我没敢再让外婆讲故事。

外婆的故事，永远听不够，永远听不完……

92

猜谜语

奶奶给我猜谜语。猜对了，奶奶竖起大拇指，咧嘴呵呵笑。猜错了，奶奶摇着头，还是咧嘴呵呵笑："不急不急，再猜猜！"

我给小狗猜谜语。小狗对我汪汪汪……

我愣着神，傻了眼。不知道该竖起拇指，还是把头摇。

我给小鸭猜谜语。小鸭对我嘎嘎嘎……

我傻了眼，愣着神。不知道该摇头，还是竖起大拇指。

我给小猫猜谜语。小猫对我喵喵喵……

我还是愣着神，傻着眼。不知道该竖起拇指，还是把头摇。

奶奶竖起大拇指，呵呵笑着把头摇。

哦，懂啦懂啦！奶奶摇着头，是说小动物猜没猜出不重要。奶奶竖起大拇指，是在夸我学会了玩猜谜，所有的谜底我都知道。

菱角的童话

菱桶，一摇一晃，晃落采菱姑娘甜甜嫩嫩的菱歌。

菱歌，掉在湖里，长成甜甜嫩嫩的菱角。红菱角，绿菱角；尖菱角，环菱角；还有一种不长角的菱角，那是在江南水乡，一个叫南湖的地方。

不长角的菱角，长出一个美丽的传说。传说，在很久很久以前，乾隆皇帝下江南时，吃菱角被扎疼了嘴巴，从此，不许菱角再长角。

乾隆皇帝的话，真那么灵吗？

菱角笑弯了嘴，不说话。那是它写给江南水乡的一个童话。

名字的故事

每个人，都有一个名字。每个名字，都有一个故事。名字的故事，都很有趣。只是，有的名字把故事点亮，就像一盏美丽的灯笼。有的名字，却把故事裹着藏着，犹如引人去猜去想的谜语。

不同的名字，不同的故事，却根植于一片共同的土地，那就是大人的心愿。名字和故事，便是心愿开出的花朵。

在你很小的时候，名字只是个代号，知道这个名字是你，并与别人有了区别。而当你渐渐长大，渐渐读懂了名字的故事，这时候，你便发现：名字，不只是一个代号，不只是为了与别人有所区别；重要的，是你应该真正拥有这个名字，让

míng zi wèi nǐ ér jiāo ào
名字为你而骄傲！

míng zi de gù shi hěn duō
名字的故事很多。

míng zi de gù shi hěn cháng
名字的故事很长。

míng zi de gù shi yǔ nǐ yì tóng zhǎng dà
名字的故事，与你一同长大！

"傻瓜"朋友，真棒！

我喜欢拍照，背着很听话的"傻瓜"。咔嚓，咔嚓……给山，给水，给树，给大自然一切美丽的风景照相。星期天，节假日，哪儿好玩往哪儿跑，哪儿好看往哪儿照。

"傻瓜"才不傻呢！自动对准距离，自动调整光圈，自动把握速度。光线不够的时候，还会自动眨一下"眼睛"，闪出雪亮雪亮的光。你只要对好镜头，咔嚓，咔嚓，按下快门就行。知道吗？在这里，"傻瓜"就是全自动的意思。我啊，也真想当一回这样的"傻瓜！"

别看"傻瓜"才巴掌点儿大，它却像阿里巴巴的宝库一样，装得下桂林山水、黄山云雾、长城日出……装得下江南的小桥流水、北国的雪原冰川、南方的热带雨林……哦，照片贴满了小屋。巴掌大的小屋也变成了阿里巴巴的宝库！小屋里的世界，一下变得很大很大，很美很美。

有一天，我收到了一张别人寄来的照片。照片上是一棵大树，树上有一个举着相机给黑猩猩拍照的男孩。寄照片的人，也是一位喜欢背着"傻瓜"溜达的叔叔。

真有趣，在我把美景装入"傻瓜"的时候，自己也成了美景被装进别人的"傻瓜"。啊，"傻瓜"朋友，真棒！

流淌的晨歌

橹声，咿呀咿呀……

像一首船歌，穿透如纱的晨雾，钻过弯弯的石桥，在曲曲拐拐的河道与河道旁高高低低的廊下，流成了另一种河。

与船歌一起流进小镇的，是新鲜的蔬菜、瓜果、鱼虾，还有乡野那股泥土的芳香。

船，在河埠停下。爸爸的扁担、箩筐，接着船歌往下唱："咿呀咿呀，吱嘎吱嘎……"

我紧跟着爸爸，和着咚咚的脚步与扁担歌大声唱："青菜要吗？还有鲜甜鲜甜的雪梨瓜！"

小巷，啪啪地拍着巴掌，欢迎我们。

我的卖菜歌，也沿着小巷轻快地流淌。

绿色的旗帜

早春，爬山虎靠在墙角，是一根不起眼的嫩芽芽，细细的，卷卷的。

爬山虎长大以后，变得帅帅的，好神气。你瞧，那如织如画的藤蔓，在高高的红砖墙上，挂满了绿色的小旗。

绿色的旗帜，是在飘扬着它的骄傲吧？

是的，它很骄傲，为它一步一步脚踏实地地攀登！

在它很小、很嫩、很不起眼的时候，就开始扒着砖墙，往上攀登。在风里，在雨里，在热辣辣的太阳下。

它爬得很累，很吃力，很辛苦。从春天一直爬到夏天，又从夏天爬到秋天。

它很骄傲，摇着满墙高高低低的旗帜。

每一面旗帜，都是它爬上一个高度的标志。

它忘不了，它曾经爬过的每一扇窗口。

一楼，它看见一个做作业的男孩。

二楼，它看见一个拉琴的小姑娘。

三楼，是一盏橘黄的灯。灯下，是一位画大楼的叔叔。它很得意，它爬上的是一座真正的大楼。

....

最后一层楼，最后一扇窗口，它认识了一位写童话的阿姨。它想对阿姨说："你的童话写在书里，我的童话写在墙上。"可它，没忍心打断阿姨的思路。

它不在乎别人有没有看懂它的童话。

它很骄傲，为嫩芽芽长成了爬山虎；也为它在每一扇窗口，都留下了绿色的阴凉。

103

月光坐在窗台上

月光坐在窗台上，轻轻的。

他在寻找丢失的梦，和梦中那阵太阳雨种下的童话。金灿灿的太阳雨，是晶亮的种子，就种在这个有爬山虎插满小旗的窗台上，长出来的是一朵七色花。七片花瓣，能实现七个愿望。

月光坐在窗台上，静静的。

他在等待星星的歌，和歌中那些小朋友伴唱的梦呓。亮闪闪的星星歌，随着轻柔的夜风，飘散在有小露珠缀成星星的窗台上，长出梦中的星星树。星星树上，每一颗星星都会唱歌。

月光坐在窗台上，默默的。

他在想他自己的心事。他要努力记住所

yǒu xiǎo péng you de shēng rì　　rán hòu　　bǎ tā de zhù fú fàng
有 小 朋 友 的 生 日，然 后，把 他 的 祝 福 放

fēi chéng yuè guāng niǎo　　qī xī zài guò shēng rì de xiǎo péng you
飞 成 月 光 鸟，栖 息 在 过 生 日 的 小 朋 友

jiā de chuāng tái shàng　　bù guǎn nǐ yǒu méi yǒu　　huò zhě néng bù
家 的 窗 台 上。不 管 你 有 没 有，或 者 能 不

néng tīng dào　　yuè guāng niǎo dōu huì yòng liàng shǎn shǎn de xīng xing
能 听 到，月 光 鸟 都 会 用 亮 闪 闪 的 星 星

gē　　zhù nǐ shēng rì kuài lè
歌，祝 你 生 日 快 乐。

愿你一同飞翔

我从小就向往飞翔。

相信，飞翔是每一个孩子共同的梦想。因为，飞翔能使你拥有一个全新的世界。

不是吗？当你飞起来以后，高不可攀的大山被抛在脚下，摩天大楼变成小孩子搭的积木，汽车是慢慢爬行的"甲虫"，人比蚂蚁还小……甚至，你飞出了大气层，飞出了太空，飞出了银河系，在魔王星或者是神女星上眺望茫茫星海，竟然找不到哪一颗小星星曾经是你居住的地球。这时候，你会想些什么，感受到什么？

飞翔，不只是飞往高处、远处，飞

翔是全方位的。

当你拥有这种全方位的飞翔时，你不再仰望天空，羡慕飞机、飞鸟和自由自在的云与风。而让一切会飞的，反过来羡慕你。因为，你的飞翔，能进入无限的时间和空间，而抵达任何一个你想去的地方。无论是地心深处还是天宇极地，无论是洪荒远古还是超越现实的未来……

啊，所有向往飞翔的朋友，请记住：

幻想，是智慧的翅膀！

雨，是画，是歌，是梦

看雨，雨是一幅画。

小雨，飘飘洒洒，如烟，如雾，如纱。

大雨，淋漓尽致，像写意画家笔下的泼墨山水。雷阵雨，画的是说变就变的孩子的脸，一会儿乌云密布，一会儿电闪雷鸣，一会儿大雨倾盆，一会儿又雨过天晴，彩虹高悬。

听雨，雨是一首歌。

小雨，浅唱低吟，如泣，如诉，如诵。

大雨，引吭高歌，像实力派歌手放纵的情怀。雷阵雨，又像是一部有人有戏有情节的独幕歌剧，云、雨、雷、电，还有彩虹，都在剧中扮演了个性鲜明的角色。

这部歌剧，常常从惊心动魄的开头，走向圆满美好的结局。

想雨的时候，雨是一个如饥似渴的梦。

走在画里，淋在歌中，你可以随意地把自己当成画中的山水，扮演剧中的某一个人物。甚至，你就是画家，就是歌手，就是精彩歌剧的导演！

彩虹的那一头

美丽的彩虹，总挂在雨后晴朗的天空。那是彩虹爱干净。

金灿灿的阳光，照亮被雨水洗蓝的天空和洗白的云朵，她才抖开七彩的舞裙翩翩起舞。

我跟爸爸妈妈住在城市。爷爷奶奶住在老家。

彩虹跨越天地之间，为城市和乡村架设起多彩的桥梁。

我常常站在阳台上看彩虹。我好想走到彩虹的那一头，去看望爷爷和奶奶。还有，彩虹村的小伙伴——牛牛、狗狗和羊羊。

彩虹村的小孩都爱玩彩虹豆。男孩子拿着彩虹豆当弹珠打，女孩子拿着彩虹豆当沙包丢。

彩虹村里家家户户都种彩虹豆。地头、路边、山坡，到处长满了彩虹豆……哦，彩虹是爷爷奶奶种出来的呢！

人生只有三天

奶奶说，人生只有三天。

我问，什么是人生？

奶奶说，人生就是人活着的一辈子。

我说奶奶不会做算术，一年就有三百六十五天。奶奶最年长。爸爸妈妈也都是大人啦。家里我最小，今年也上小学了，少算出生也有两千多天了，怎么只有三天呢？

奶奶掰着手指数给我听，又翻着日历数给我看——

你瞧，昨天，今天，明天。怎么算，人生都只有三天。

哈哈，是呢！昨天过了是今天，今天过了是明天。怎么算，都跳不出这三天。

113

wǒ zhàn zài jīn tiān   huí tóu kàn shì zuó tiān   zuó tiān yǐ jīng
我站在今天，回头看是昨天，昨天已经

guò qù le
过去了。

wǒ zhàn zài jīn tiān   cháo qián kàn shì míng tiān   míng tiān
我站在今天，朝前看是明天，明天

hái méi yǒu dào lái
还没有到来。

wǒ yǒng yuǎn yǒng yuǎn dōu zhàn zài jīn tiān
我永远永远都站在今天——

zài gào bié zuó tiān zhōng zhǎng dà   yòng chuàng zào yōng bào
在告别昨天中长大，用创造拥抱

míng tiān
明天！

课本里的作家

序号	作家	作品	年级
1	金波	金波经典美文：第一辑 树与喜鹊	一年级
2	金波	金波经典美文：第二辑 阳光	
3	金波	金波经典美文：第三辑 雨点儿	
4	金波	金波经典美文：第四辑 一起长大的玩具	
5	夏辇生	雷宝宝敲天鼓	
6	夏辇生	妈妈，我爱您	
7	叶圣陶	小小的船	
8	张秋生	来自大自然的歌	
9	薛卫民	有鸟窝的树	
10	樊发稼	说话	
11	圣野	太阳公公，你早！	
12	程宏明	比尾巴	
13	柯岩	春天的消息	
14	窦植	香水姑娘	
15	胡木仁	会走的鸟窝	
16	胡木仁	小鸟的家	
17	胡木仁	绿色娃娃	
18	金波	金波经典童话：沙滩上的童话	二年级
19	高洪波	高洪波诗歌：彩色的梦	
20	冰波	孤独的小螃蟹	
21	冰波	企鹅寄冰·大象的耳朵	
22	张秋生	妈妈睡了·称赞	
23	孙幼军	小柳树和小枣树	
24	吴然	吴然精选集：五彩路	三年级
25	叶圣陶	荷花·爬山虎的脚	
26	张秋生	铺满金色巴掌的水泥道	
27	王一梅	书本里的蚂蚁	
28	张继楼	童年七彩水墨画	

序号	作家	作品	年级
29	张之路	影子	三年级
30	曹文轩	曹文轩经典小说：芦花鞋	四年级
31	高洪波	高洪波精选集：陀螺	
32	吴然	吴然精选集：珍珠雨	
33	叶君健	海的女儿	
34	茅盾	天窗	
35	梁晓声	慈母情深	五年级
36	陈慧瑛	美丽的足迹	
37	丰子恺	沙坪小屋的鹅	
38	郭沫若	向着乐园前进	
39	叶文玲	我的"长生果"	
40	金波	金波诗歌：我们去看海	六年级
41	肖复兴	肖复兴精选集：阳光的两种用法	
42	臧克家	有的人——臧克家诗歌精粹	
43	梁衡	遥远的美丽	
44	臧克家	说和做——臧克家散文精粹	七年级
45	郭沫若	煤中炉·太阳礼赞	
46	贺敬之	回延安	八年级
47	刘成章	刘成章散文集：安塞腰鼓	
48	叶圣陶	苏州园林	
49	茅盾	白杨礼赞	
50	严文井	永久的生命	
51	吴伯箫	吴伯箫散文选：记一辆纺车	
52	梁衡	母亲石	
53	汪曾祺	昆明的雨	
54	曹文轩	曹文轩经典小说：孤独之旅	九年级
55	艾青	我爱这土地	
56	卞之琳	断章	
57	梁实秋	记梁任公先生的一次演讲	高中
58	艾青	大堰河——我的保姆	
59	郭沫若	立在地球边上放号	